SOYONS

RÉPUBLICAINS!

Paris.— Imp. A.-E. Rochette boulevard Montparnasse, 90.

SOYONS RÉPUBLICAINS!

PAR

UN IMPÉRIALISTE

PARIS

E. DENTU, LIBRAIRE-ÉDITEUR

Palais-Royal, Galerie d'Orléans

—

1871

SOYONS
RÉPUBLICAINS!

Si l'on devait juger de l'avenir du pays par l'énergie avec laquelle il a su profiter, depuis deux mois, du repos que lui ont rendu la paix avec l'Allemagne et la cessation de la guerre civile, l'inquiétude pourrait enfin, dans les esprits, faire complétement place à l'espoir.

Malheureusement, ces récents efforts servent uniquement à déplorer que tant de vitalité demeure encore forcément l'objet des convoitises ou le prix de l'impuissance habile, puisque la France persiste à attendre les éléments de son salut des princes qui ne les possèdent pas, au lieu de les puiser uniquement en elle-même, où ils existent à coup sûr.

L'apologue éternellement vrai des membres et de l'estomac entend que l'estomac fonctionne, s'il exige que les membres travaillent. Quand l'estomac ne fonctionne plus, les membres ont beau travailler, la mort n'en est pas moins proche.

Seulement, cet apologue n'a pas été invoqué pour établir qu'une société doive être exclusivement gouvernée par une Monarchie ou par un Empire. Il l'a été, au contraire, pour prouver que le peuple, qui fût, après l'avoir compris, le premier peuple du monde, ne devait s'exposer, pour le devenir, ni aux surprises de la dictature, ni aux excès de l'anarchie, en négligeant d'associer ses efforts à l'action réorganisatrice d'une élite républicaine.

Au lieu donc de s'endormir sur le présent, avec la trompeuse certitude qu'il suffit, pour fortifier l'être social, que l'action individuelle fournisse, à un gouvernement qui existe à peine, les moyens réguliers de fonctionner, la France doit se hâter de constituer ce gouvernement d'une façon définitive, si elle veut que le travail de ses fils ne demeure pas stérile, au point de vue du résultat, malgré leur victorieuse énergie.

Plus la France reculera devant cette indispensable nécessité, plus ses organes essentiels se débiliteront, en dépit de l'action continue des autres ; et plus, alors, à la veille ou à l'époque même de l'inévitable et prochaine crise, la France deviendra incapable de se soustraire aux convoitises et aux calculs de l'impuissance, sinon, ce qui est pire, au démembrement immédiat, dont elle est plus sérieusement menacée qu'on ne le croit, si l'anarchie en arrive à diviser de nouveau ses forces vives, grâce aux envieuses et souterraines manœuvres de l'étranger.

Les adversaires les plus passionnés des hommes portés au pouvoir le quatre septembre, sont maintenant obligés de leur savoir gré d'avoir compris, en présence de la désertion, aujourd'hui incontestable, de l'Empire, devant le triomphe de l'ennemi, qu'hésiter à endosser les responsabilités engendrées par nos désastres, c'était exposer la

France à se dissoudre sous les pas de l'invasion, tandis que les accepter résolûment, c'était lui conserver au moins l'ombre, sinon la réalité, de cet organe, indispensable à l'existence des sociétés, qui s'appelle le gouvernement.

La désertion de l'Empire et l'abstention des princes, qui, depuis vingt ans, préparaient sa chute, au moment des suprêmes dangers de la patrie, sont précisément la cause de la stérilité actuelle des efforts de tous, car, si cette désertion n'avait pas eu lieu, si cette abstention n'avait pris pour prétexte un patriotisme prudent, la France posséderait maintenant l'organe indispensable à son existence, dont les hommes du quatre septembre n'ont pu lui conserver que l'ombre, et que le Chef du Pouvoir exécutif tient, avec raison, à honneur de lui laisser, aujourd'hui, le soin de reconstituer elle-même.

II

La France ne doit répudier le glorieux héritage d'aucun des gouvernements avec le concours desquels elle avait pu devenir ce qu'elle était avant nos désastres. Seulement, elle ne doit pas non plus oublier qu'étant restée en possession de cet héritage, uniquement par l'hésitation des ayants-droit à endosser les responsabilités qu'il implique, elle est dégagée de toute obligation envers des princes, lui ayant laissé le mérite d'être seule à la hauteur d'un passé, qui n'a cessé de leur demeurer commun que parce qu'ils l'ont bien voulu.

La France a dû son salut à elle seule, contre tous les dangers que lui ont créés ces princes, dont la désertion ou l'abstention prudente ont eu lieu dès qu'ils l'ont crue morte. Pourquoi donc, au lendemain de son retour à la vie, la France disposerait-elle des résultats de son héroïsme, en faveur de ceux qui se sont désintéressés de sa cause, dès qu'ils l'ont supposée perdue ? Pourquoi donc la France douterait-elle que la forme de gouvernement qui lui a permis d'échapper à la mort puisse la mettre à même de vivre ?

Ce serait la première fois que notre pays manquerait de logique à ce point.

Louis XVI avait racheté la désertion de Varennes et les hésitations du 10 août, en sachant mourir en Roi, lorsqu'après les invasions de 1814 et de 1815, les Bourbons justifièrent, par l'acceptation immédiate et directe de responsabilités excessives, la confiance que la France mit alors en eux.

En 1830, le duc d'Orléans prenait lui-même le chemin de l'Hôtel-de-Ville, assez tôt pour ne pas donner le temps aux Français de se souvenir qu'il existait à Vienne un symbole vivant de la révolution armée.

En 1848, enfin, le prince Louis osait s'af-

firmer à la tribune, et rappeler ainsi que la Dynastie napoléonienne n'avait pas encore déserté
le mandat qu'elle avait accepté du peuple.

Rien de semblable ne s'est produit hier ;
rien de semblable ne peut se produire aujour-
d'hui.

La République seule s'est affirmée ; la République seule s'affirme, même par la voix, sinon
par la conduite de ses adversaires ; et, pendant
que, de toutes ses blessures, les forces de la France
s'échappaient hier avec son sang, le Souverain,
dont le devoir était de la gouverner, les princes
qui, depuis vingt ans, aspiraient ouvertement à le
faire, se sont tout à coup dérobés, dans une réserve
qui équivaut à la moins noble des abdications.

Le Souverain élu soutient aujourd'hui que
les suffrages de huit millions d'hommes, réunis
sur sa tête, n'ont réussi qu'à en faire le jouet des
ministres de sa femme, et à le contraindre, bien
qu'il vit juste, à assister, sans oser réagir, au
spectacle de tout ce qui devait, d'après lui, con-
sommer la ruine de la France. Quant aux princes,
pouvaient-ils, à les entendre, distraire de la mort
les malheureux que moissonnait l'artillerie prus-
sienne, en s'exposant à succomber avec eux ?

En prévision de l'anarchie à conjurer ou à vaincre, ni le Souverain élu ni les princes prétendants n'ont tenté d'empêcher le vainqueur d'imposer à la France des conditions que leur indifférence excuse jusqu'à M. Jules Favre lui-même d'avoir acceptées, lorsque l'on connaît leurs rapports avec les Puissances de l'Europe, et particulièrement avec la Prusse, pendant et après la guerre.

L'anarchie qu'ils avaient prévue, sinon préparée, s'étant terminée par l'incendie de Paris, par la mort de cinquante mille hommes, par l'emprisonnement de cinquante mille autres, par l'appauvrissement général, par la naissance ou l'entretien de haines qu'une exceptionnelle diversion aura seule le pouvoir d'éteindre, ils n'ont pas osé davantage revendiquer leur part des responsabilités de l'avenir; et il n'en est pas un qui ne tienne à considérer ostensiblement le pouvoir ambitionné par eux, comme un fardeau qu'on doit le supplier d'accepter, afin qu'il ait le droit de dire plus tard à la France, en cas de complications nouvelles : « t'avais-je rien demandé ? »

La conduite qu'ils ont tenue depuis un an interdit, il est vrai, à Napoléon III, et aux princes

qu'il lui a plu de se donner lui--même pour com--
pétiteurs, une façon plus noble d'aspirer au
trône; mais la pensée que la France puisse
songer encore à les couronner, uniquement parce
qu'ils reculent devant les responsabilités de
l'avenir, n'est-elle pas, de leur part, en ce qui
les concerne, la plus éclatante confirmation de
la conduite qu'ils ont tenue devant les périls
de la patrie, et, en ce qui concerne la France,
la plus sanglante des injures?

En effet, laisser supposer que les Français
sont incapables de recourir, pour reconstituer leur
gouvernement et pour préparer leur revanche, à
d'autres hommes qu'à ceux qui les ont aban-
donnés à l'invasion et à l'anarchie, après les avoir
divisés, dans des intérêts exclusivement dynas-
tiques, c'est tout bonnement donner à croire que,
si les Français sont des héros à l'heure du danger,
ils ne sont plus que des imbéciles quand le péril
a disparu.

III

Les hommes, profondément convaincus que
le salut de la France résulterait plus rapidement
du rétablissement de l'Empire que de l'enfante-
ment laborieux d'une République aux institutions
encore indécises, ne peuvent s'étonner que d'autres croient toujours à la possibilité de ce salut
plus rapide par le retour du pays à la Monarchie de droit divin ou au Régime constitutionnel ;
mais, ce qui doit les mettre tous d'accord, c'est
qu'aux royalistes il manque un Roi comme

aux impérialistes il manque un Empereur ; c'est qu'on ne peut songer à une Monarchie ou à un Empire, si l'on n'a devant soi un prince digne, par son initiative, de la couronne qu'on est disposé à relever ou à forger pour lui.

Peut-il être, veut-il être le Roi de France, ce prince, honnête il est vrai, mais persuadé que son honnêteté même lui interdit de transiger avec les nuances d'un drapeau, ne put-il conjurer le démembrement de la France qu'en adoptant les couleurs dont elle est orgueilleuse ; et qui, résolu de plus à ne jamais risquer sa vie, en faveur de ce qu'il appelle son droit, semble ignorer qu'un tel droit implique, de la part de l'homme qui le possède, l'obligation d'exposer autre chose qu'un peu d'encre pour l'affirmer ?

Peut-il être ; veut-il être le Roi des Français, ce jeune prince, uniquement préoccupé d'écarter de lui toute signification susceptible de justifier les prétentions de ses partisans, et de constater, par une manifestation publique, la réalité d'une réconciliation qui ne lui permet plus de combler leurs vœux ; ce bourgeois timoré, qui, après avoir, ainsi que tous ses proches, prêté la main, depuis qu'il a l'âge d'homme, à la préparation du cataclysme que nous traversons, n'en a tiré, comme eux, d'autre profit, que le droit de visiter en amateur les ruines de la ville dont il porte le nom, et les propriétés dont il entend désormais jouir?

Ils ne le peuvent; ils ne le veulent pas plus que Napoléon III ne peut et ne veut redevenir Empereur.

IV

Jusqu'au lendemain de l'entrée à Paris des troupes du maréchal de Mac-Mahon, les hommes, convaincus que le salut de la France résulterait plus rapidement de la Restauration des Institutions impériales que de tout autre chose, ont pu s'aveugler sur la portée comme sur la nature des fautes de Napoléon III, et croire, de sa part, à une ferme résolution de les réparer.

La profondeur de la chute n'était-elle pas une expiation assez grande des erreurs commises ; ne pouvait-on même l'attribuer à une générosité trop grande de l'Empereur envers des instruments, dont il pouvait avoir ignoré les méfaits ; à une confiance trop étendue envers d'autres, dont il n'aurait eu que le tort de ne pas suspecter l'honneur? Cela se pouvait encore, bien qu'il fût difficile de concilier une telle ignorance et de telles faiblesses avec les qualités qu'il faut déployer pour s'emparer du pouvoir, sans autoriser les insinuations des hommes, qui soutiennent que l'Empereur n'a été pour rien dans les actes des premières années de son règne?

L'attitude observée par Napoléon III et par ses conseillers, lors des dernières élections ; le soin qu'ils ont pris de déshonorer eux-mêmes l'Empire en rougissant de l'affirmer ; le refus obstiné de l'Empereur de fournir des explications sensées et loyales aux honnêtes gens qui les lui demandent, et de rentrer ainsi en communion d'idées avec les électeurs, dont il a d'abord sacrifié l'influence à l'écume de la réaction, pour la sacrifier plus tard à l'écume de la démocratie ; sa persistance à ne considérer comme ses amis que les hommes qui consentent à lui ménager les surprises d'un plébiscite, en feignant de le trahir ; la duplicité dont il use envers les plus dévoués de ses partisans et de ses proches, avec le concours d'instruments inavouables ; son obstination à se retrancher, pour essayer de justifier plutôt que pour expliquer ses malheurs, derrière des raisons, incapables de soutenir un instant l'examen des gens sérieux, mais parfaitement propres à abuser la crédulité des masses ; la cruelle ingratitude ou l'inconcevable indifférence dont sont l'objet, de sa part, les seuls amis sincères qu'il ait eus, tout se réunit pour arracher le bandeau qui couvrait encore les yeux de ses derniers fidèles, et pour les convaincre que, dans l'exil comme sur le trône, la conduite de Napoléon III a toujours été celle d'un impuissant, habile à tirer parti de circonstances préparées dans l'ombre, mais nourrissant une insurmontable aversion pour tout ce qui n'est pas au service du hasard ou à la disposition de ses calculs, souvent enfantins, mais toujours ténébreux.

Lorsque la déclaration de guerre vint faire diversion aux inquiétudes sérieuses que, depuis plusieurs années déjà, inspirait aux honnêtes gens la marche désordonnée de la politique intérieure, il n'était plus permis aux impérialistes de considérer Napoléon III autrement que comme le plus mortel ennemi de la mémoire de son oncle, abandonnée du reste, par les ministres du second Empire, à des profanations systématiques bien plus humiliantes que ne l'a été celle imposée à la Colonne par les insensés de la Commune.

Le malheur de l'homme ne pouvait commander l'oubli des erreurs du Souverain que jusqu'au jour où il serait possible de savoir s'il se repent de les avoir commises, et s'il juge à propos de faire quelque chose pour les réparer.

Or ce jour est arrivé; et, loin d'admettre qu'il a mérité l'immense leçon qu'il a reçue; loin de ramener ses yeux vers son point de départ, en reconnaissant que ses malheurs, comme les nôtres, sont autant le résultat de ses calculs obliques que de ses hésitations intéressées; loin de rentrer enfin dans la voie ouverte devant lui par ceux qui l'ont élu, en mémoire de son oncle, Napoléon III tourne plus que jamais le dos à la grande ombre, outragée uniquement à cause de lui, quand ce n'est pas d'accord avec lui; sacrifie l'honneur de son fils à la justification d'un règne, dont les dernières années n'ont été, de la part de ses conseillers, qu'une lutte acharnée contre tout ce que les Institutions impériales l'avaient contraint à créer de bien ou de grand pendant les premières; et ne trouve rien de mieux à imaginer, pour rentrer en possession du trône, qu'il convoite et redoute à la fois, que de faire volontairement descendre l'Empire au niveau des Monarchies déchues, afin de solliciter, en compétition avec elles, les suffrages d'un peuple, dont l'amour pour l'Empire provenait surtout de ce qu'à ses yeux l'Empire et la République ne font qu'un.

Cette conduite de Napoléon III ramène forcément les impérialistes à l'opinion qu'ils avaient conçue de l'Empereur, avant la déclaration de guerre. Elle les délie des engagements moraux contractés envers le malheur, uniquement en vue du repentir, car il est bien certain maintenant que ce qu'il veut n'est pas ce qu'ils voudraient, s'il ne les plaçait obstinément dans l'impossibilité de conserver en lui la moindre espérance.

Il consent à régner, au moyen d'une surprise de l'ignorance, et sans déclarations préalables, sur un pays, maintenu de nouveau, par la double terreur de la guerre étrangère et de la guerre civile, dans les filets inextricables des exploiteurs qui l'ont à la fois dépouillé de ses richesses et de ses vertus.

Ils voudraient, au contraire, eux, affranchir le pays de ces exploiteurs, afin de rendre plus promptement la revanche extérieure possible, par des satisfactions, données, à l'intérieur, aux intérêts sacrés de toutes les classes honnêtes et laborieuses, en même temps que par la réorganisation complète de notre société, sur des bases incompatibles avec la présence au pouvoir des ministres exclusifs et avides qui ont précipité la France dans l'abîme.

V

Une raison, cependant, peut encore être invoquée, en faveur de la vitalité des trois formes de gouvernement, dont les personnifications actuelles sont, volontairement ou involontairement, la négation absolue; c'est qu'il n'est pas donné au représentant d'un principe de faire subir à ce principe les conséquences de son indignité personnelle; c'est que le Roi n'est pas plus la Monarchie que l'Empereur n'est l'Empire; et que les partisans d'un système politique n'en sont pas réduits, faute d'un homme, à renoncer à son application.

En admettant, d'abord, qu'il soit possible.

aux partisans de chacun des trois systèmes politiques, désormais en opposition avec la République, de trouver, dans chacune des familles dont les chefs personnifient encore ces systèmes, des représentants plus dignes de chacun d'eux que ne le sont ces chefs, ne devraient-ils pas reculer devant les conséquences de ce dédoublement de trois grands partis, ajoutées à celles de la lutte engagée déjà entre eux ; devant ces trois nouvelles têtes, surgissant tout-à-coup du corps de l'hydre politique, pour opposer le droit relatif du mérite au droit absolu de la naissance ou de l'élection ; car, sans cela, leur conduite, en étant une protestation nouvelle de la raison contre le fait, ne serait-elle pas, alors, aussi, un argument de plus contre l'opinion qu'ils prétendraient faire prévaloir, en commençant par en saper la base ?

Heureusement, du reste, pour notre pays, que les éléments d'un tel dédoublement des partis monarchiques n'existent pas ; et qu'il est alors radicalement impossible en fait, s'il est admissible en théorie.

Les stipulations du traité d'Utrecht autorisent, il est vrai, les légitimistes à considérer, en droit, D. Carlos comme l'héritier de la Couronne de France, à défaut de Henri V; mais auquel d'entre eux pourrait raisonnablement venir la pensée de faire asseoir ce prince espagnol sur le trône de Louis XIV?

Les orléanistes ne peuvent songer davantage à faire un Roi constitutionnel d'un des proches du Comte de Paris, lorsqu'il est avéré que ceux des oncles ou des parents de ce prince, non ralliés encore à la fusion, qui anéantit le principe de la Monarchie bourgeoise, n'ont justement voulu demeurer libres que pour briguer la Présidence de la République, qui anéantit ce principe d'une façon bien plus radicale encore.

Les impérialistes seuls ont le Prince impérial, et, auprès de lui, le prince Napoléon; mais, pour appeler au trône le Prince impérial, contre l'aveu de son père, il faudrait que les électeurs, dévoués aux Institutions napoléoniennes, pussent compter sur un autre état-major que sur celui dont tout les efforts ont tendu, d'accord avec Napoléon III, à empêcher qu'un seul homme exclusivement dévoué à ces Institutions trouvât place dans des conseils, du sein desquels ils se sont entendus pour exclure à Londres jusqu'au duc de Persigny, afin de pouvoir retirer à la Restauration, telle qu'il la projettent, tout autre caractère que celui d'une dernière et lucrative spéculation.

Huit millions d'électeurs ne peuvent s'entendre spontanément pour créer un état-major politique. Le pussent-ils, que cet état-major devrait, dans le cas qui nous occupe, se grouper autour d'un prince, à qui l'on a pris soin d'enlever toute autorité morale, sans que sa loyauté, mise perfidement d'accord avec ses intérèts, lui permît de protester à temps, par des actes, contre la trame dont il a été et dont il est encore plus que jamais la victime.

L'Impératrice elle-même voudrait en vain réagir, au nom de son fils, et d'accord avec la France, contre les résultats des atteintes portées aux Idées, aux Institutions et à la Dynastie napoléoniennes par les conseillers de son mari, du consentement et souvent à l'instigation de son mari lui-même, dans le but de transformer un système politique en instrument d'exploitation privée.

La conséquence la plus naturelle de ces atteintes, et de l'intérèt qui les motivait, devait être d'empêcher l'adjonction des hommes nouveaux ; car, dans une association exclusivement

composée de complices, on se partage les dé-
pouilles de celui qui meurt pour augmenter la
part des autres, jusqu'à ce qu'il ne reste plus que
le dernier de ses membres, déterminé lui-même à
ne s'adjoindre personne, de peur d'être contraint,
à son tour, de partager avec quelqu'un le produit
des crimes de tous.

VI

Et, cependant, malgré ces désertions, ces abdications, ces abstentions, ces impossibilités, ou plutôt, et c'est ce qu'il y a en cela d'extraordinaire, à cause d'elles, leurs auteurs, comme leurs complices, ne doutent pas, en ce qui a trait à celui de leur choix, que chacun des trois gouvernements, dont les hommes ont abandonné la France à elle-même, à l'heure des suprêmes dangers, n'ait de grandes chances d'être appelé, par leur victime, à bénéficier de son salut.

Ils puisent d'abord leur espoir dans l'expérience du passé. Ce qui a encouragé, en effet, les impuissants habiles à se dérober devant le péril, c'est le souvenir de la facilité apparente avec laquelle la France se jette volontiers, quand elle a échappé à la mort, dans les bras de ceux qui l'y ont exposée, en imputant à crime à ses sauveurs des fautes qu'elle ne remarquait même pas, lorsqu'elles étaient commises, sur une échelle bien plus vaste, par les préparateurs de ses dangers, bien qu'en réalité elle ne se soit jamais offerte jusqu'ici à personne.

Ils le puisent ensuite, dans la prédisposition des Français à se désintéresser, aux époques normales, de la direction des affaires publiques, qu'ils entendent exercer tous, aux époques de crise, de la façon la plus absolue, et sans y être préparés, ce qui s'explique parfaitement, du reste, par quinze siècles de Monarchie absolue, suivis de mouvements révolutionnaires successifs et désordonnés, devant lesquels se sont toujours dérobés les hommes, dont le devoir était, au contraire, de les contenir pour qu'ils aboutissent.

Ils le puisent enfin, dans cette incontestable vérité que la victorieuse énergie déployée, depuis deux mois, par la France, pour la réparation de ses maux, est insuffisante à dissiper ses inquiétudes à propos de l'avenir, cette énergie devant demeurer stérile, bien que victorieuse, tant qu'elle n'alimentera pas un gouvernement susceptible de rendre au pays, en chair et en sang, c'est-à-dire en calme, en richesse et en influence ce que, depuis deux mois, le pays prodigue inutilement en travail à l'inconnu.

Ce qu'il y a de plus affligeant, dans l'existence d'un tel espoir, c'est qu'il est fondé; c'est que la France est exposée à des dangers bien plus grands qu'aucun de ceux qu'elle a courus jusqu'à ce jour, si, en présence d'un plébiscite ou d'une résolution de leurs députés, tous ses fils ne reconnaissent pas que tant de maux l'ont rendue majeure; et que la Providence n'a frappé à la fois d'indignité, d'impuissance ou de vertige les représentants des principes au nom desquels on prétendrait encore la gouverner, que pour mieux lui faire comprendre qu'elle doit désormais se gouverner elle-même.

VI

Le gouvernement définitif, dont l'existence est indispensable au salut de la France ne peut être constitué régulièrement que de trois façons : soit par l'Assemblée actuelle, se déclarant constituante, et choisissant elle-même le Chef de l'État, après le vote des Institutions et des lois organiques ; soit par une Assemblée nouvelle, investie du caractère qu'on dispute à celle de Versailles, et procédant de la même façon ; soit, enfin, sur l'initiative de l'une ou de l'autre de ces deux Assemblées, par un plébiscite, répondant à des questions posées ou non de telle sorte que le plus méticuleux des avocats ne puisse accuser leurs auteurs de restriction ou d'ambiguïté.

Il ne pourrait émaner, de l'Assemblée actuelle ou de celle qui lui succèderait, d'autre gouvernement monarchique que celui d'un des deux princes dont la réconciliation rend impossible la compétition personnelle, et même celle de leurs principes, du moment où celui des deux que l'autre reconnaît pour chef déclare ne rien vouloir sacrifier des siens. Or, s'il est permis à des hommes sérieux de caresser encore la pensée d'un gouvernement ainsi constitué, il leur deviendrait impossible de songer à la réaliser, dès qu'ils devraient aborder le terrain pratique. Si même ils pouvaient, alors, persister à poursuivre leur utopie, l'opposition à l'accomplissement de leurs desseins viendrait de ceux-là mêmes dont ils prétendent faire des Rois, les princes qui, depuis un an, ont laissé échapper tant d'occasions d'occuper le trône, en échange d'une initiative d'un jour, ne pouvant consentir à le recevoir d'une Assemblée, dans un pays que l'exercice du suffrage universel a rendu, pour toujours, à moins de démembrement, l'arbitre direct et souverain de ses destinées.

Mais, en admettant qu'après avoir puisé, dans la réconciliation de ses membres, une audace que ne lui ont pas inspirée les malheurs de la patrie, la Maison de France tente l'aventure; et que les masses subissent une heure son gouvernement, imposé par les votes d'une Assemblée. Ne serait-elle pas immédiatement contrainte de chercher, à la crise intérieure devenue chronique, une diversion extérieure puissante; et peut-on, dans ce cas, songer, pour elle, à autre chose qu'à des désastres, auprès desquels ne seraient rien ceux que vient de subir la Dynastie napoléonienne, à moins d'une entente finale avec l'étranger, destinée, en fin de compte, au même sort que l'entente conclue entre Louis XVI et les autres Souverains de l'Europe, par l'intermédiaire de Marie-Antoinette?

Or, cette chute par les armes, rendue glorieuse par le sang des Bourbons, serait encore ce que leur avènement pourrait leur rapporter de plus avantageux, car un essai de compression à l'intérieur, rendu inévitable par la coalition des forces impérialistes et républicaines, en cas de paix toujours considérée comme honteuse, tant que Metz et Strasbourg ne nous seront pas rendues, ne pourrait aboutir qu'à une chute moins honorable et toute aussi profonde.

Il n'y a pas à examiner ici le cas d'une Restauration impériale, due à l'une des deux Assemblées qui peuvent prendre sur elles d'imposer à la France un gouvernement de leur choix. La conduite de Napoléon III et de ses conseillers ne permettra jamais à ce cas de se produire.

Voilà donc la France en face du plébiscite ; et, en affirmant, sans tenir compte des votes acquis à la République, que l'Empire l'emporterait cette fois sur la Monarchie, on est autant dans le vrai qu'en affirmant qu'il ne saurait émaner d'une des deux Assemblées possibles, d'autre gouvernement monarchique que celui de Henri V ou de Louis-Philippe II.

Si Napoléon III avait quitté Wilhemshœhe tout autre qu'il n'y entra ; s'il y avait trouvé la résolution de comprendre enfin ses électeurs, et de se forger une volonté avec la leur, au lieu de songer uniquement à se servir contre elle de leurs suffrages, au profit exclusif des instruments qui l'ont perdu, aucun raisonnement, aucune force, aucune manœuvre n'auraient réussi à lui retirer la centième partie des huit millions de voix que la France lui a données, il y a un an à peine, en haine des ministres qu'il s'était choisis, et comme un dernier avertissement destiné à lui indiquer le sens qui lui manquera toujours : le sens des vertus essentiellement françaises.

Les républicains eux-mêmes, au moment où Napoléon III ravalait sa cause, en la faisant entrer volontairement en compétition avec celle des Monarchies déchues, se demandaient ce qu'ils auraient à faire, dans le cas où, s'élevant, au contraire, au-dessus des intrigues de Bordeaux et de Versailles, il se placerait énergiquement à leur tête sur le chemin que veut encore parcourir la France.

VIII

En ne profitant pas de son séjour à Wilhemshœhe pour faire un retour sur lui-même ;
en persistant à interpréter en mazzinien la leçon
que la Providence avait cru donner à un Empereur ; en prenant le parti de rejeter toutes les
responsabilités encourues par lui, sur des hommes
dont la plupart n'ont qu'à ouvrir leur portefeuille
pour le confondre, afin d'adopter ostensiblement
le rôle d'un Géronte que chacun turlupine, mais
de jouer en réalité celui d'un Lagrange couronné ;
en acceptant de quitter l'Allemagne, sans rentrer
en France comme un soldat exigeant des juges, sinon comme un Souverain poursuivant l'exercice de
ses droits ; en préférant tendre, d'une retraite sûre,

aux partisans de la Monarchie, ce piége du plébiscite, qui consiste, de sa part, à compter sur la puissance du nom de son oncle pour se faire pardonner
par les électeurs l'entrée de l'Empire en compétition avec la Monarchie, dans le but réel d'étouffer
à jamais la République ; en se soustrayant, par le
silence, dans le sein de l'aristocratie étrangère
dont la Souveraine est la cause principale de
notre isolement devant la Prusse, aux devoirs
contractés par lui envers huit millions d'hommes,
qui ne comprennent pas que leurs suffrages
aient pu aboutir à les laisser sans boussole pendant les heures terribles qu'ils entendent son-
ner encore ; en avisant, de préférence, dans le
secret de sa retraite, avec les moins populaires
de ses anciens conseillers, aux moyens de faire
du mépris et de la haine qu'ils ont soulevés
contre son nom les bases même de sa Restauration ; en persistant à embrouiller personnel-
lement les fils d'une intrigue nouvelle, quand
son intérêt, quand son honneur lui faisaient une
loi d'aborder de front le problème de nos désastres ; en indiquant lui-même à ses intimes le
désaveu de sa cause comme un des moyens les
plus efficaces de la servir ; en regardant tout
essai de justification de sa conduite, toute manifestation basée sur son droit comme une atteinte
portée à son autorité, atteinte dont il fait immé-

diatement tirer vengeance, même contre son plus proche parent, par la plume perfide de celui de ses anciens ministres qui a le plus déconsidéré son règne; en assistant impassible à la lutte engagée entre Paris et Versailles, sans donner à la France le mot de la sanglante énigme que ses agents ont proposée à l'Europe, sans en désavouer ou sans en plaindre les victimes, sans en glorifier ou sans en condamner les triomphateurs; en ne permettant à ses créatures, le lendemain même de l'incendie de ceux des monuments de Paris dont l'anéantissement a dû leur être le moins désagréable, de n'aborder le scrutin qu'en se défendant de le servir ou en oubliant de l'avoir servi; en persistant à jouer de la publicité, dans les conditions qui ont fait d'une trop grande partie de la presse française un instrument de corruption, atteignant le but dont il semble se détourner le plus; en contraignant, enfin, les plus loyaux, et les plus désintéressés des partisans convaincus de la cause impériale à jeter loin d'eux et avec dégoût leur plume, sans pouvoir douter désormais qu'il a tué cette cause, avec une préméditation aussi inconcevable que certaine, Napoléon III peut avoir habilement préparé une surprise plébiscitaire, basée sur l'achat des consciences vénales et sur l'ignorance crédule des masses; mais, assurément, il s'est aliéné tous

ceux des électeurs honnêtes, à même d'apprécier
ses actes, et que leur fétichisme, pour une grande
idole, n'aveugle pas au point d'en faire les instruments des hommes qui n'en invoquent le souvenir que lorsqu'il s'agit de les tromper en l'ex-
ploitant.

IX

De cette surprise plébiscitaire, que pourrait-il advenir, en admettant qu'elle ait le seul succès que puissent ambitionner ses organisateurs?

Cinq millions de suffrages, en faveur d'une Restauration impérialiste seraient alors, moins le prix des calculs de Napoléon III, que le résultat du défaut d'entente des patriotes intelligents pour constituer enfin, d'une manière définitive, le gouvernement de la France par la France.

En est-il plus admissible qu'un gouvernement, composé, soit des hommes qui n'ont su disposer de la Constitution de 1852 que pour aboutir au triomphe de M. Emile Ollivier, soit des hommes qui n'ont su profiter du dernier plébiscite que pour tomber dans le piége de la Prusse, soit des hommes qui n'ont su exercer le pouvoir dictatorial offert par une femme énergique, dans des circonstances propices à toutes les hardiesses, que pour aboutir à la désertion du quatre septembre, puisse utiliser le pouvoir, issu d'une telle surprise, pour aboutir à autre chose qu'à une catastrophe nouvelle, du moment où il serait appréciable pour l'Europe, autant que pour la France, que la majorité relative, dont les membres de ce gouvernement se prévaudraient, ne serait, en réalité, que la minorité ignorante ou vénale du pays?

C'est en vain que les auteurs de cette surprise, résolus à en profiter à tout prix, compteraient sur la crainte de la guerre étrangère et de la guerre civile, pour organiser impunément la terreur des insatiables appétits et des intérêts menacés, à l'abri de laquelle il pourrait arriver, en effet, que ces intérêts reçussent, pendant quelques mois, une impulsion et des satisfaction factices, capables de tromper le pays par un semblant de prospérité.

On ne subit pas une telle oppression, sans engager contre ses auteurs des luttes désespérées ; et, lorsque l'homme qui les fait mouvoir se complaît à les exciter les uns contre les autres, en conspirant avec tous contre tous, sans avoir conscience des effets que peut produire ce jeu terrible, il est évident que la catastrophe devient certaine, lors même qu'il ne serait pas facile d'établir que les causes qui doivent indiscutablement la produire, en dehors de l'invasion et de l'anarchie, consistent justement dans la situation faite, par la spéculation, à ces intérêts, sur l'égoïsme desquels on compte justement pour imposer au pays une Restauration de l'Empire, dans des conditions hostiles à toutes les traditions napoléoniennes.

Les éventualités offertes à la pensée, par la constitution d'un gouvernement sur ces bases, sont des éventualités de telle nature, qu'avant même de les envisager, on est en droit de se demander si Napoléon III, en se conduisant comme il l'a fait depuis Sedan, n'a pas eu pour but de la rendre impossible. Incapable, avec son caractère, ses aptitudes et ses tendances, de redevenir, en 1871, ce qu'il lui eut été si facile d'être, avant sa participation au renversement des hommes du Deux décembre par les hommes du Dix-neuf janvier, ne pourrait-il être, toutefois, assez clairvoyant, pour se rendre compte de ce que serait une Restauration, reposant sur le concours des instruments qu'il apprécie à leur juste valeur, contre tous lesquels il conspire même parfois, mais dont il n'aura jamais le courage de détruire lui-même l'influence?

C'est qu'ils seraient en réalité honteux, singuliers et terribles ces Cent Jours !

Leur héros, au lieu de regarder en face l'Europe monarchique, fût-ce pour tomber sur un champ de bataille, dont le nom pût être invoqué par les peuples contre les Rois, serait, au contraire, favorisé par elle, jusqu'à ce qu'il succombe dans une lutte, appelée à devenir le signal de la coalition désespérée des trônes contre les peuples.

Ne pouvant acheter une heure de repos qu'en supprimant une intelligence ou en subissant une humiliation nouvelle, les hommes, qui ont passé vingt ans, d'accord avec leur maître, à extirper, du cœur et de la pensée de la France, tout ce que la Légende napoléonienne y avait fait naître de patriotisme et de grandeur, tenteraient, à tout prix, d'achever leur œuvre ; mais, en admettant que la Prusse et ses alliés les considérassent toujours comme les plus capables de contenir le pays tant redouté, ou d'en préparer le démembrement ; mais, en admettant que l'armée leur obéît, malgré le sang nouveau infusé dans ses veines, et terrassât leurs adversaires, jusqu'à ce que ses victimes devinssent lumineuses pour elle–même, ils ne pourraient suspendre indéfiniment ce réveil de la patrie, dont un autre Napoléon que Napoléon III aurait pu tirer un si grand parti ; ce réveil qui, marquant l'époque de la victoire ou de la suprême agonie des peuples, exige, pour élus ou pour dominateurs, d'autres mâles que les conseillers actuels de l'Empereur.

X

Ainsi donc, ni la Monarchie, constituée par une Assemblée sous une forme quelconque , ni l'Empire, restauré par un plébiscite, dans les conditions indignes qu'il a plu à Napoléon III de définir et de limiter lui-même, ne seraient assez forts pour conjurer les éventualités de l'avenir. Or. on ne doit pas se dissimuler que, si ces éventualités semblent moins immédiates et paraissent moins terribles que ne l'ont été la guerre étrangère et la guerre civile, elles n'en sont que plus menaçantes et plus proches, puisqu'elles peuvent amener d'autant plus promptement la dislocation sociale de la France, qu'on se sera moins préoccupé d'y parer.

Comment, alors, ne pas reconnaître que le gouvernement qu'il faut au pays est celui qui peut seul conjurer ces éventualités? Comment ne pas voir que ce gouvernement ne saurait être qu'un gouvernement constitué de façon à ce que toutes les intelligences comme toutes les volontés puissent concourir au salut commun, sans opposition systématique à leur développement; c'est-à-dire un gouvernement républicain? Comment ne pas souhaiter que les masses le constituent plébiscitairement, après avoir été préparées à le faire par l'alliance étroite de tous les hommes capables de les édifier sur leurs véritables intérêts, et de ne rien leur cacher de la vérité, à propos du ténébreux conspirateur qui compte les surprendre de nouveau?

Cette alliance, tant désirable, peut d'autant plus facilement avoir lieu, qu'il est impossible aux écrivains, ayant combattu avec toute l'énergie d'une conviction sincère les partisans de la République, tant qu'ils ont pu croire à la possibilité d'une réaction honorable de la part de Napoléon III, ou à l'existence d'une ambition glorieuse chez les princes de la Maison de France, de ne pas convenir, aujourd'hui, que celui des hommes, placés depuis le quatre septembre en évidence par les événements, et qui inspire, en ce moment, la répulsion la plus vive à l'opinion publique, est encore plus digne, cette répulsion fut-elle justifiée, de concourir, par son influence morale, sur le terrain de l'initiative, à la constitution définitive du gouvernement qu'il faut au pays, que le moins répulsif de ceux qui, en présence des dangers de la Patrie, n'ont su que fuir les responsabilités, sollicitées par eux aux heures prospères, avec autant de persistance que d'ardeur, et ne sont bons, maintenant encore, qu'à étendre, sous le masque et dans l'ombre, la main vers un pouvoir, qu'ils n'osent revendiquer au grand jour.

Certes, il n'est ni loyal ni digne, de la part d'un soldat, de recevoir de son Souverain la mission de défendre sa famille avec sa capitale, et d'accepter, après un désastre, la Présidence du gouvernement improvisé pour remplacer le sien; mais, quand la connaissance approfondie des faits vous met à même de constater que ce soldat n'aurait eu d'autre moyen de prouver sa fidélité à la Régence, à ses ministres, à ses députés et à ses sénateurs, que de déguerpir comme eux, s'il les eut consultés; mais, quand on est convaincu qu'ils étaient résolus à fuir, bien avant qu'il pût songer à mourir pour les défendre, on est non-seulement porté à se montrer pour lui moins sévère, mais à se demander si le sacrifice qu'il a fait de son honneur strict, à la nécessité de conjurer un effondrememt social, n'est pas plus patriotique que l'incompréhensible évanouissement de tout une élite gouvernementale devant un fantôme d'insurrection.

Certes, il est indubitable que les hommes du quatre septembre, en y comprenant celui que nous avons dès l'origine considéré comme leur chef, bien qu'il ne soit devenu celui du pouvoir exécutif qu'en paraissant se substituer à eux, contribuaient, depuis longtemps, à préparer la chute de l'Empire ; et que, dès que la fortune lui fut défavorable, il se préparèrent à en hériter ; mais les sanglants reproches qu'on était disposé à leur faire ne sont-ils pas tout-à-coup paralysés, quand on acquiert la preuve irréfutable que si, le quatre septembre, un mauvais tour a été joué à quelqu'un, c'est à eux, qui, sans s'y attendre, se sont trouvés placés, par une désertion dont l'Histoire n'offre pas d'exemple, dans la situation de déserter à leur tour, ou d'accepter les responsabilités sous le poids desquelles la plupart succombent aujourd'hui ?

Que désormais, donc, avant de juger ces hommes, on se rende bien compte de la désertion de ceux qui les accusent, désertion qui ne saurait être comparée qu'à la rentrée subite d'une nuée de rats dans leurs trous, à la seule apparition d'une ombre féline sur la muraille du lieu où ils grignottaient auparavant, désertion qui n'a pas eu lieu seulement à Paris, mais, à la même heure, dans toute la France, mais, le lendemain, dans tout le reste de l'Europe. Le six septembre il était impossible, en effet, à nos nationaux de trouver à son poste un seul des ambassadeurs de l'Empire. Celui de Londres s'indignait, entre autres, à Fanton-Hôtel, où il s'était réfugié, qu'on eut l'audace de lui donner ce titre.

Convaincu que l'Empire pouvait, malgré cette désertion ou plutôt à cause d'elle, demeurer une des réserves de la France, en refusant désormais d'abriter la vermine dont il venait d'être si rapidement délivré, quand il reviendrait à lui, il en est qui, devançant l'impatience des électeurs, ont fait ce qu'on reproche au soldat de ne pas avoir voulu faire. Ils s'en sont allés aux Tuileries s'installer, le matin du quatre septembre; à Hastings, dès que l'Impératrice y fut. Ils sont demeurés à la disposition de Napoléon III, tant qu'ils ont cru que leur devoir était de s'y maintenir, attendant vainement qu'un battement de cœur leur indiquât un retour de l'Empire à la vie nationale. Qu'on leur demande l'accueil qu'ils ont trouvé aux Tuileries, d'où la princesse Clotilde elle-même fut évincée ; devant eux, parce qu'elle voulait que l'Impératrice se montrât au peuple avec elle ; à Hastings, où Napoléon III était plus sévèrement jugé qu'à Paris ; puisqu'on s'y demandait s'il ne serait pas nécessaire d'apprendre à son fils à rougir de lui ; à Chisselhurst, où les manœuvres d'une politique dénuée de toute loyauté revêtent leur portée enfantine de toutes les apparences d'un machiavélisme, destiné tôt ou tard à motiver l'intervention d'un Devienne anglais ; et on aura alors une idée juste de la colère qu'eut inspirée à la gent impériale la résolution d'un seul homme, capable, le quatre septembre, de contraindre ceux qui s'enfuirent à se grouper autour de lui, pour empêcher l'Impératrice de quitter Paris avec son dentiste.

XI

Il n'y a pas eu de quatre septembre, dans l'acception qu'on veut maintenir à cette date, pas plus, hélas ! qu'il n'y aurait eu de dix-huit mars, si, antérieurement à ce jour-néfaste, tout le monde avait pu comprendre, comme aujourd'hui, qu'en dehors de la République il ne saurait plus y avoir, pour la France, de gouvernement sérieux et stable.

L'Empire, tel que l'avait fait Napoléon III, ne consistait pas dans autre chose que dans l'exploitation du suffrage universel, au profit d'un petit nombre d'hommes sans racines dans le pays, incapables d'en acquérir, et décidés du reste à n'en jamais avoir. Ces hommes constituaient, au sommet de la pyramide nationale, une boule aspirante que rien n'y rattachait que d'insatiables tentacules, et au-dessus de laquelle vascillait incessamment la Dynastie. Au moindre vent, la boule gonflée de proies devait rouler, et la Dynastie choir. Seulement, la Dynastie pouvait tomber sur la pyramide et rentrer en communion avec les masses. Napoléon III a préféré qu'elle suivît la boule dans le vide. C'était son droit ; mais, que ceux qui se sont trahis eux-mêmes, en abandonnant la France, cessent de vouloir que leur trahison soit de la réserve et de la fidélité, comparée à la conduite des hommes qui ont au moins su aborder en face les conséquences de leur ambition ; mais que, surtout, après avoir laissé, pendant un an, la Fance sans boussole, ils ne s'étonnent pas qu'elle s'en soit faite une.

Les gens les plus prévenus contre Napoléon III reconnaissent avec raison qu'il n'aurait eu vingt fois qu'à le vouloir, depuis un an, pour racheter ses fautes par un acte viril ; mais, quand ils s'étonnent qu'il ne l'ait pas voulu, ils oublient qu'il faudrait, pour qu'il fût capable de les racheter, qu'il eût été incapable de les commettre ; et que, s'il pouvait aujourd'hui avoir une volonté, il en aurait eu une après Forbach, ce qui fait que les écrivains qui ont conservé quelque espoir en lui, jusqu'aux dernières élections, seraient inexcusables, si la fidélité gratuite au malheur n'était certaine toujours d'obtenir de la France des circonstances atténuantes pour son aveuglement.

Les hommes du quatre septembre eussent-ils donc commis beaucoup plus de fautes qu'ils n'en ont commises ; eussent-ils donc accepté du vainqueur des conditions beaucoup plus dures que celles qu'ils en ont acceptées ; méritassent-ils donc d'encourir plus de blâme qu'on ne leur en doit, pour les erreurs dont la conséquence a failli être la prolongation indéfinie de la guerre sociale, qu'on ne pourrait s'empêcher de constater qu'au moins ils ont été là ; et qu'ils y sont encore, obligeant les généraux de l'Empire à leur obéir, et ses fonctionnaires à les congratuler ; que M. Thiers a parcouru l'Europe dans tous les sens, à un âge où le repos paraît indispensable à l'homme, pour intéresser à notre cause des Cours désertées par les représentants de l'Empire ; que M. Gambetta a tout tenté, dans la proportion de ses facultés et de ses moyens, pour opposer à la Prusse des éléments de résistance dont l'Empire n'avait pas même eu conscience, tandis que M. Jules Favre affrontait à Ferrières, sans autre mandat que celui de ses amis, et sans que rien l'y contraignît, une responsabilité que l'élu de huit millions d'hommes n'a pas eu le courage d'encourir à Sédan, bien qu'il fut de son devoir de le faire ; que tous, enfin, ont dû résister aux vœux de Paris, et faire à l'Assemblée, encore prévenue contre la République, les concessions qui ont amené la Commune, uniquement parce que les partisans de la Monarchie, dans la Chambre, et les impérialistes, dans le pays, mettaient tout en œuvre pour condamner le gouvernement de la France par la France, et y eussent assurément réussi, si M. Thiers n'avait eu la sagesse de donner aux retardataires des garanties, que M. Gambetta lui-même croit encore devoir augmenter aujourd'hui, dans l'intérêt de la République.

La plupart des hommes du quatre septembre ont été au-dessous de leur mandat, soit ; ils doivent comprendre qu'une heure sonne à laquelle l'initiative doit s'expier par la retraite, cette expiation fut-elle injuste, soit encore ; il est indispensable que des hommes nouveaux les remplacent, soit enfin ; mais la connaissance de jour en jour plus parfaite des événements impose à tous le devoir de se dire que la France n'en serait pas à pouvoir attendre que des hommes nouveaux surgissent, si, en imitant la désertion des fonctionnaires de l'Empire devant le péril, les hommes du quatre septembre avaient laissé se constituer alors un gouvernement composé des criminels ou des fous qui, ayant eu, pendant deux mois, à leur disposition la Capitale du monde, n'ont su que compromettre les principes auxquels M. Thiers a eu, du moins, le mérite de conserver leur vitalité, tout en triomphant, avec énergie et en leur propre nom, de leurs aveugles défenseurs.

XII

A cette vérité, les partisans obstinés de la Monarchie s'entendent, avec les conspirateurs timorés de l'Empire, pour répondre qu'il appartient uniquement à la République de résoudre tous les problèmes ; mais qu'une fois résolus, elle devra s'effacer devant une autre forme de gouvernement.

C'est justement dans cette absurde prétention de faire aboutir la fécondité à l'infécondité, la puissance à l'impuissance, le travail au parasitisme, que consiste le plus grand des dangers qui menacent le pays ; car, du moment où l'Empire, aussi bien que la Monarchie, se déclare incapable de résoudre les problèmes que la République ne craint pas d'aborder, il est aussi injuste qu'imprudent et ridicule de songer à ne les résoudre, d'accord avec celle-ci, que pour remettre la Monarchie ou l'Empire à même d'en compromettre la solution.

Sur un tel terrain, il n'est plus permis qu'à des spéculateurs, a des bravi, ou à d'aveugles fanatiques de soutenir une autre cause que celle de la République, la théorie du remède, appliqué dans le but de rendre le malade à la maladie, équivalant à celle qui prétendrait rejeter, dans les bras de l'impuissant, dont les baisers auraient antérieurement compromis son existence, la vierge robuste qu'un homme vigoureux viendrait de rendre femme.

L'émission de cette théorie a fait ouvrir les yeux aux impérialistes sincères, qui auraient volontiers consenti à oublier, à justifier même toutes les erreurs commises, devant un programme hardi ; mais qui ne peuvent reconnaître un chef, dans le Souverain se déclarant incapable de rien faire pour sauver le pays de l'inconnu, et soutenant qu'il a dû assister à sa chute sans autorité aucune, lorsque jamais homme au monde ne fut, au contraire, investi par un plus, grand nombre d'électeurs d'une autorité plus grande.

Si Napoléon III avouait qu'il a eu tort d'oublier ainsi son pouvoir, il laisserait au moins croire qu'il est redevenu digne de l'exercer; mais non, il fait dire à ses partisans : « Laissez aller les choses; et, quand il n'y aura » plus de péril à le faire, je reviendrai. » Que M. Piétri retrouve son maître dans cette réponse, soit; mais que les gens de cœur y retrouvent leur Souverain, jamais!

La République étant seule capable de remédier aux maux de la France, bien qu'elle ait toujours à redouter une surprise impériale ou monarchique, combien mieux encore ne le sera-t-elle pas, lorsque cette surprise aura été rendue impossible par l'emploi de l'arme dont on la menace!

L'instruction et l'éducation d'un pays par son élite, quand cette élite est d'accord sur la portée qu'elles doivent avoir, demandent à peine quelques mois. Il a suffi du discours prononcé à Bordeaux par M. Gambetta, pour que les dernières élections démontrassent clairement que, si tous les hommes d'intelligence et de cœur se réunissent

dans une même volonté, il deviendra impossible
d'utiliser le suffrage universel contre la République ; et, en effet, tout en combinant leurs efforts,
en vue d'abuser les électeurs, les comités anti-ré-
publicains de Paris réunis n'ont pas osé mettre en
avant, tant comme condidat au Corps législatif
que comme candidat au Conseil municipal, un
seul homme dont le nom signifiât ce qu'ils de-
sirent.

Soyons donc républicains !

Si nous avons aimé la Monarchie, soyons-le,
parce que, n'étant pas affirmée, par ses représentants, d'une façon susceptible de rendre à la
France quoi que ce soit de ce qu'elle a perdu, elle
l'expose, au contraire, à la ruine, en la divisant.

Si nous avons aimé l'Empire, soyons-le,
parce qu'étant désavoué par son symbole et, par
conséquent, dans l'impossibililé de refaire de la
France ce qu'elle pourrait espérer redevenir avec
lui, il ne peut plus être qu'un prétexte, aux
mains de gens indignes, pour faire triompher un
ordre de choses qui est la négation même des principes napoléoniens.

Si nous avons aimé la République, soyons-le,

parce qu'en réalité, c'est elle qui, après nous avoir permis de conserver l'unité de la France devant l'étranger, nous a mis à même de la conserver devant l'anarchie, et de traverser, en la conservant toujours, la plus redoutable des crises que Dieu ait jamais imposée à un peuple.

Soyons donc républicains ! Mais, ne le soyons, ni en fanatiques, résolus à réaliser, en un jour, toutes les promesses du progrès, ni en indifférents, prêts à laisser porter atteinte à la forme de gouvernement qui les a sauvés.

Soyons-le en hommes à qui la possession donne la patience d'en préparer et d'en attendre sagement les effets ; en hommes guéris de l'indifférence politique par les épreuves qu'elle a imposées à leurs intérêts.

Soyons donc républicains ; mais, avec la ferme résolution de ne reculer devant l'étude d'aucune question susceptible de rattacher le plus humble au gouvernement, si nous avons également celle de ne laisser ébranler aucune des bases dont le maintien empêchera le plus heureux de s'en détacher.

Il ne faut pas que la République soit l'unité par la force ; il faut qu'elle soit l'unité par la réconciliation, qui donnera à la force sa véritable puissance.

XIII

Les dangers qui peuvent résulter pour la France de son défaut de gouvernement définitif, et dont la crainte rend inutiles les efforts individuels auxquels est due la réparation apparente des maux de la guerre étrangère et de la guerre civile, se résument dans la division politique du pays, en face de l'Allemagne, disposée à profiter du moindre prétexte pour reprendre l'œuvre qu'elle sait inachevée, et de l'Europe, toujours envieuse, malgré ses platoniques expressions de sympathie; dans l'antagonisme des diverses classes de la société françaises, susceptible de rallumer, d'un jour à l'autre, le foyer latent de la guerre sociale, et d'offrir à l'étranger cette occasion d'intervenir, que la mort de Prim l'a seul empêché de saisir, au moment où il était convenu qu'on la saisirait ; dans la situation économique de la France, qui est de nature à motiver les écarts les plus monstrueux de la spéculation, en faveur d'une surprise impériale ou monarchique, et qui doit fatalement aboutir, en outre, que cette surprise ait lieu ou non, à la plus épouvantable des débacles, si un gouvernement fort n'entreprend résolûment de procéder, au grand jour, à la liquidation des intérêts engagés.

Dans le cas où la France hésiterait plus longtemps à constituer son gouvernement d'une manière définitive, il est évident que ces trois dangers principaux, auxquels sont subordonnés tous les autres, ne peuvent tarder à l'entraîner de nouveau sur la pente des abîmes. Il en sera de même, dans le cas où on le lui constituerait par une surprise, et s'il résulte d'un plébiscite, ne devant servir qu'à mieux constater des divisions dont la prolongation est mortelle. Dans le cas au contraire où l'union de la France se referait dans la République, ces dangers sont conjurés.

Tant que l'Allemagne croira à l'impossibilité d'une telle union, son attitude demeurera provocatrice et celle de l'Europe dédaigneuse. Dès qu'elle sera réalisée, l'attitude de l'Allemagne et celle de l'Europe changeront, au contraire, comme par enchantement. Cela est naturel. La conséquence immédiate de la proclamation définitive de la République, devant être la cessation de l'antagonisme qui divise la société française, par l'oubli réciproque du passé, et par l'étude en commun de tous les problèmes sociaux, la lutte intestine, sur laquelle comptent ostensiblement l'Allemagne et l'Europe monarchique pour amener une Restauration, mais en réalité pour motiver une intervention, se transforme en une amnistie commune, dont le résultat est de permettre à la France de menacer et non plus de craindre les trônes, en reprenant enfin la tête de l'émancipation européenne. Quant à la situation économique, un gouvernement républicain, sans engagements avec les spéculateurs, dont l'intérêt s'oppose à la liquidation indispensable, osera enfin y procéder, en déclarant que mieux la profondeur d'un gouffre est connue, plus il est facile de le combler.

Le parasitisme seul, peut, au premier abord, demeurer hostile à la constitution d'un ordre de choses qui mettra pour toujours un terme à son existence ; mais, pour peu qu'il réfléchisse, il ne tardera pas à changer d'avis, car, s'il est indubitable qu'une Restauration monarchique ne peut que produire des événements susceptibles de lui faire perdre tout ce qu'il a acquis, il est évident qu'une République forte, n'ayant pas besoin de puiser sa fécondité dans une légalité rétroactive, lui permettra de conserver au moins sa fortune, s'il elle lui interdit de l'augmenter, en usant des moyens qu'il a employés pour l'acquérir.

En dehors du parasitisme, quelle est la classe ou l'Institution sociale qui ne trouve, en France, dans la prompte et définitive constitution d'un gouvernement républicain, les garanties réparatrices qui manquent aujourd'hui à toutes ?

Une influence occulte travaille, en ce moment, à augmenter, entre notre jeune et notre vieille armée, l'antagonisme que la même influence a nourri, à dessein, depuis vingt ans, entre les travailleurs et la bourgeoisie. Avec une Restauration monarchique ou impériale, le sacrifice de l'une des rivales est inévitable, motivant la sourde mais persistante irritation de l'autre. Seule, la République est capable de concilier les intérêts de la jeune et de la vieille

armée, en vue de la revanche qu'elle seule aussi
peut préparer ouvertement, sans craindre que
l'Allemagne fasse autre chose que d'en solliciter
le retard par des concessions de toutes sortes ;
car, du jour où la France sera républicaine, quelle
Monarchie pourra se vanter, en Europe, d'avoir
un lendemain ?

Seule, la République est capable de rendre
au clergé son influence morale, sans disputer
ses droits à la philosophie.

Seule, la République peut préserver la pro-
priété comme la famille, en complétant, au profit
des masses, l'œuvre que l'Empire avait paru prêt
à entreprendre, mais dont il a méconnu l'im-
portance, en la sacrifiant lâchement aux terreurs
du parasitisme.

XIV

Si la constitution définitive d'un gouvernement républicain doit permettre enfin à la France de profiter, comme nation, des efforts individuels de ses fils, qui lui donnera les hommes capables d'utiliser ces efforts; qui lui indiquera les moyens de rendre incontestable l'existence de ce gouvernement?

Les hommes naîtront, du jour où toutes les intelligences se seront mises d'accord sur le but;

et, quant aux moyens à employer pour l'atteindre,
après l'avoir défini, il en est un, dont le patriotisme de l'Assemblée de Versailles ne devrait
peut-être pas dédaigner l'emploi, puisqu'il aurait
pour résultat certain de créer ces hommes, dont
on invoque le défaut pour taxer le pays d'impuissance.

Dans des circonstances analogues à celles
que nous traversons aujourd'hui, nos pères, ayant
conscience de la nécessité où se trouvait le pays
de faire participer la jeune génération, sur le
terrain politique, à l'œuvre régénératrice com-
mencée par les générations mûres, au moment
même où elle y participait déjà sur le terrain mili-
taire, en refoulant l'Allemagne au-delà du Rhin ;
nos pères convinrent qu'aucun des hommes, ayant
fait partie de l'Assemblée initiatrice ne pourrait
faire partie de l'Assemblée appelée à constater
s'il était ou non temps, pour la France, de s'arrêter sur le chemin de l'avenir.

Des hommes surgirent ; et la France ne
s'arrêta pas.

Les députés actuels sont chargés, il le se-
vent, de la responsabilité patriotique de la con-

clusion de la paix, à des conditions rendues exhorbitantes par le refus obstiné de la conclure de tous ceux qui auraient pu obtenir à la France des conditions plus favorables; et ils sont compromis, même à leurs propres yeux, par cette responsabilité aussi lourde que douloureuse.

Ne pourraient-ils, en se refusant à eux-mêmes l'éligibilité pour l'Assemblée nouvelle, après avoir distribué, d'accord avec le Chef du Pouvoir exécutif, les hautes fonctions actives de la politique aux plus illustres des membres de l'Assemblée de Versailles, prendre la résolution énergique de refuser également l'éligibilité à tous les hommes ayant appartenu, dans le passé, à une Assemblée quelconque, surtout à ceux qui, s'étant dérobés devant les désastres, et s'étant obstinés à ne pas prendre sur eux de les arrêter, quand ils pouvaient le faire, n'aspirent qu'au moment de rendre responsables des sacrifices de la France les impatients généreux, ou même égoïstes qui ont eu au moins le courage de vouloir quelque chose dans l'intérèt de leur pays ?

Pure des responsabilités de la désertion, en même temps qu'affranchie de celles du sacrifice, une Assemblée élue dans ces conditions d'exclusion, que justifient l'abnégation des uns et la criminelle réserve des autres, serait bien l'expression vraie de la volonté nationale, dégagée de toute préoccupation autre que celle du salut de la France ; et il est évident que, dans son sein, pourraient enfin naître ces individualités nouvelles, qui ne font défaut à notre pays que parce que tous les partis sont encore constitués de façon à ce que l'éclosion en soit impossible.

Mais, que ce moyen soit ou non le moyen qu'il faille employer pour arriver à l'établissement définitif d'un gouvernement républicain ; pour assurer le vote d'une Constitution et de lois organiques républicaines, pendant une administration transitoire du pays, conformément à l'esprit né de l'accord patriotique de M. Thiers et de M. Gambetta, n'en soyons pas moins républicains ; et travaillons sans relâche à faire des républicains, si nous voulons que la France ne périsse pas dans les mains des spéculateurs caressés dans leurs appétits par les complices de Napoléon III ou sous les étreintes de l'anarchie précédant une dernière invasion.

Soyons républicains surtout, nous, qui, ayant considéré l'Empire véritable comme une transition indispensable entre la Monarchie et l'avenir, avons cherché vainement un Empereur

à la hauteur de son mandat; et qui, étant ra-
menés, par les événements, non-seulement à
l'esprit, mais à la lettre de la prophétie napoléonienne : « dans cinquante ans l'Europe sera
républicaine ou cosaque », voulons qu'elle soit
républicaine par la France, plutôt que cosaque
par la Prusse, avant-garde de la Russie.

Paris, 3 août 1871.

Paris. — Imp. A.-E. Rochette, boulevard Montparnasse, 90.